TINTA · SERIE DE ILUSTRACIÓN DE ARTE CHINO QUE
COMPRENDE FAMOSAS PINTURAS

Zhang Zeduan y su pintura
"El Festival Qingming Junto al Río"

Zeng Zirong / Jefe Editor
Zhou Jianxiao / Autor

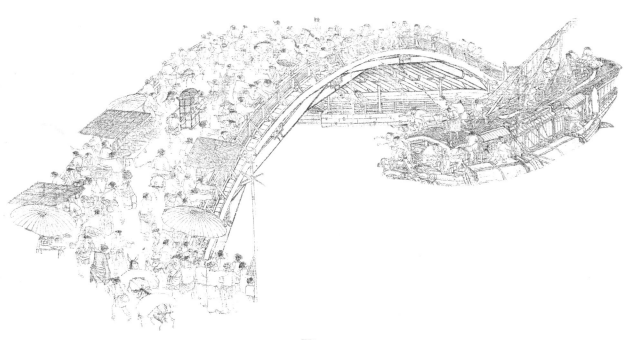

Books Beyond Boundaries
ROYAL COLLINS

Zhang Zeduan y su pintura "El Festival Qingming Junto al Río"

Jefe Editor: Zeng Zirong
Autor: Zhou Jianxiao

Primera edición: 2021
Royal Collins Publishing Group Inc.
BKM ROYALCOLLINS PUBLISHERS PRIVATE LIMITED
www.royalcollins.com

Sede central: 550-555 boul. René-Lévesque O Montréal (Québec) H2Z1B1 Canada
Sede de la India: 805 Hemkunt House, 8th Floor, Rajendra Place, New Delhi 110 008

ISBN: 978-1-4878-0829-7

ÍNDICE

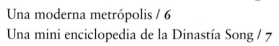

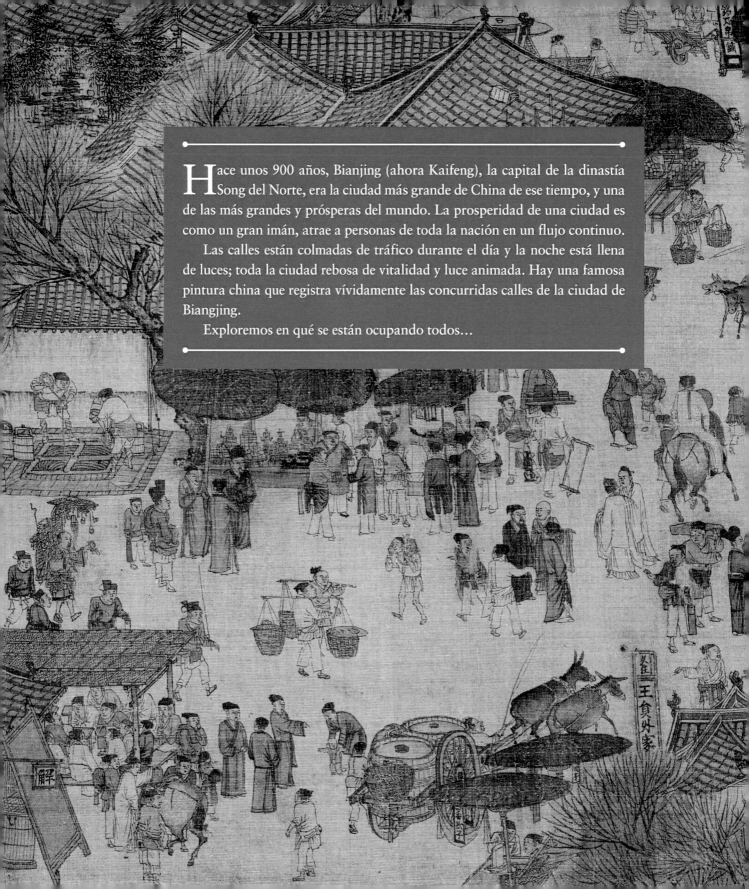

Hace unos 900 años, Bianjing (ahora Kaifeng), la capital de la dinastía Song del Norte, era la ciudad más grande de China de ese tiempo, y una de las más grandes y prósperas del mundo. La prosperidad de una ciudad es como un gran imán, atrae a personas de toda la nación en un flujo continuo.

Las calles están colmadas de tráfico durante el día y la noche está llena de luces; toda la ciudad rebosa de vitalidad y luce animada. Hay una famosa pintura china que registra vívidamente las concurridas calles de la ciudad de Biangjing.

Exploremos en qué se están ocupando todos...

Capítulo 1
PRÓLOGO

Una moderna metrópolis

Si transitáramos por la dinastía Tang de antaño y atravesáramos desde lo alto a su capital Chang'an, encontraremos que la ciudad se despliega como un gran tablero de ajedrez. En aquel entonces, la ciudad contaba con cuadras rodeadas de altos muros. Cada cuadra tiene su propio nombre y función, por ejemplo, el lugar residencial se llama "Li" (barrio/vecindad) y el lugar para hacer negocios se llama "Shi" (mercado). Por la noche, las tiendas debían estar cerradas y la gente no podía salir a voluntad…

En la dinastía Song, estas regulaciones se rompieron. Podemos ver en las calles casas comunes y aún mansiones de lujo, así como varias tiendas, restaurantes y hoteles. Ahora, bajo la dinastía Song, el centro comercial ya podía estar abierto toda la noche, y las personas podían simplemente salir y divertirse.

En la actualidad esta ciudad se llama Kaifeng, ubicada en la provincia de Henan, y fue la capital de la dinastía Song del Norte. Caracterizada por sus numerosas industrias, como el desarrollo en la construcción, la industria naval, el transporte, la herrería, los textiles, la cerámica, la elaboración de té, la elaboración de cerveza y la impresión de grabado; su desarrollo fue tal, que esta ciudad atraía a personas de todo el país. Las empresas acudían a abrir sus propias tiendas, vemos los estudiantes camino a la escuela, los agricultores rurales a buscar trabajo, los turistas extranjeros de visita, además de los residentes locales, los funcionarios del gobierno y el ejército para defender la capital. Cuando la ciudad contaba con su máximo número de personas, ¡podía llegar a 1,700,000!

"El Festival Qingming junto al Río"
Dinastía Song del Norte, Zhang Zeduan
24.8 cm × 528 cm, Colección del Museo de Beijing

Una mini enciclopedia de la Dinastía Song

"El festival Qingming junto al río" es una pintura muy conocida en China, que ilustra la colorida vida urbana de la ciudad de Biangjing y es como una enciclopedia condensada del estilo de vida en la dinastía Song.

Sigamos al grupo de bellos burritos al comienzo de la imagen (a la derecha), entremos poco a poco al bullicioso Biangjing. Al principio, accedamos por los tranquilos suburbios, rodeados de campos vacíos y casas dispersas en el campo, transitando vemos más y más casas y multitudes reuniéndose. A lo largo de este camino, hay un gran río con una amplia superficie fluvial, varios barcos amarrados en la orilla y grandes y pequeños barcos que pasan por el río, este es el río Biang.

¡Crucemos aquel gran puente de madera sobre el río, incluso atravesando la ciudad! Hay una pequeña tienda al otro lado, a orillas del río Biang. Si continuamos por el sendero llegaremos a la torre para entrar al animado centro de la ciudad. ¡Hay tanta gente en la ciudad! Hay quienes conducen autos grandes, quienes vienen con camellos, jinetes en caballos y aquellos que toman el sol y miran el paisaje…

¡Vamos juntos a observar más de cerca!

Capítulo 2

UNA PINTURA DEL FOLKLOR POPULAR

¡Camino a la ciudad!

En las bulliciosas calles de "El festival Quingming junto al río", la gente parece estar muy ocupada, pero ¿qué hacen? A primera vista, es difícil distinguir sus ocupaciones, pero podemos juzgar el trabajo que realizan por medio de sus indumentarias que han sido cuidadosa y minuciosamente pintadas por el artista.

Frente al puente de madera, muchos trabajadores fueron convocados: el portero estaba ocupado cargando mercancías, el rastreador del bote está tirando desesperadamente el lazo, el remero está concentrado conduciendo el bote y observando la corriente... todos están ocupados preparándose para entrar a la ciudad.

Un barquero lleva una camisa suelta y ligera, los pantalones no son largos, lo cual es propio del vadeo.

Hay cuatro rastreadores trabajando.

9

6

Las mangas de estas personas son tan largas que casi se arrastran por el suelo. Son "Corredores", es decir, intermediarios. Su trabajo es cerrar negocios entre vendedores y compradores para ganar comisiones. Las mangas son muy largas porque las utilizan para regatear con los dedos dentro de las mismas.

7   **8**

Los porteadores, que han estado involucrados en pesados trabajos manuales durante mucho tiempo, usan camisas de manga corta y pantalones cortos transpirables y fáciles de ajustar.

Todos los personajes en la ciudad de Biangjing

El centro de la ciudad es aún más animado. Al entrar en él, a primera vista, se puede ver un lujoso restaurante adyacente al portón de la ciudad. El banderín en diagonal de la tienda de vino seleccionado: Sun Yangdian. Los clientes de arriba de la tienda están felices bebiendo, y los chicos de la puerta están ocupados saludando a los invitados. Las calles cercanas al restaurante también están llenas de varias tiendas y puestos, ¡todos los personajes aquí lucen aún más emocionantes!

1

El camello que está lleno de mercancías, esta debería ser una caravana que viene de muy lejos.

2

Varios soldados.

7 *Cuentacuentos*

8 *Conductores*

9 *Peluquero*

11 *Portadores*

10 *Puesto de aperitivos*

12 *Puesto de bebidas*

18

3

Académico con bufanda en la cabeza. En esa época, los estudiosos y eruditos pensaban que los hombres antiguos usaban una bufanda para hacer que su cabello luciera elegante, por lo que actuaban como personas antiguas y retomaban el hábito de usar una bufanda en su cabeza.

5

El camarero del restaurante lleva una bufanda negra y una bata gris, y el dobladillo largo está enrollado y atado alrededor de la cintura, para que no se arrastre cuando se mueva por la tienda.

4

Pacientes que toman medicina en la "Casa de Zhao Taiyi".

6

Monje caminante de lejanas tierras.

Capítulo 3

CONSTRUYENDO
UN MUSEO

Un barco en el río Luan

Un canal no se forma de forma natural, sino que se excava y se forma artificialmente al introducir agua natural de grandes ríos. El sistema de agua de los canales en la dinastía Song del Norte era muy desarrollado y se conectaba con ríos naturales para formar una red de vías fluviales muy grande y compleja. Todas las ciudades y pueblos a lo largo del río pueden comunicarse a través de los cursos del agua. Esta red de vías fluviales proporciona condiciones de transporte particularmente convenientes para las actividades comerciales de la gente. El río Luan que fluye a través de la ciudad de Bianjing es un río artificial que se ha excavado para facilitar el transporte de norte a sur.

Una gran cantidad de barcos se representan en "El Festival Quingming junto al río". Para la dinastía Song, los barcos eran medios de transporte extremadamente importantes. La tecnología de construcción naval de la dinastía Song era realmente desarrollada y madura. El casco estaba compuesto por varias capas de tablas de madera, y las tablas de madera de lado a lado estaban incrustadas por sus respectivos segmentos cóncavos y convexos. Las tablas de madera internas y externas estaban conectadas por clavos. La artesanía usada en este proceso es muy fuerte y duradera.

Bianjing es una gran ciudad con una población de más de un millón de habitantes, por tanto, el consumo diario de alimentos y ropa es sorprendentemente grande. Los barcos cargados sobre el río son responsables del transporte continuo de granos, frutas, especias, productos de uso diario y otros bienes para la ciudad.

1. Cabrestante *(grúa, molinete)*

2. *Mástiles*

3. *Timón equilibrado*

4. *Clavos de barco conectados a tablas de madera*

Un total de 28 barcos, grandes y pequeños, están plasmados en esta pintura. Mediante una mirada más cercana, notaremos que estos barcos no son iguales, todos tienen un propósito especial.

Barcaza

El barco que transporta granos es una barcaza; el barco más abundante en el río Luohe, y su cabina está arqueada. La cabina arqueada usa materiales más económicos y más livianos que otras formas de cabina, siendo así más conveniente para el transporte y la navegación. La mayor parte de la comida consumida en Kaifeng es traída por barcazas del sur, abundante en arroz.

Buque de carga

Para los buques de carga, el centro del buque es una bodega, y la proa es relativamente plana, lo que le facilita la entrada y salida de carga.

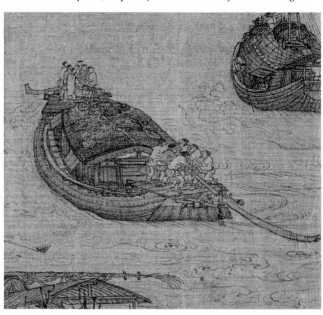

Bote auxiliar

Hay un pequeño bote cerca de la costa. Su pequeño tamaño no es adecuado para el transporte de carga a larga distancia. Solo se emplea para transportar escombros o personas en distancias cortas. La mujer en el bote se encuentra vertiendo agua, pareciera que acabase de lavar su ropa y que ésta cuelga en el dosel para secarse.

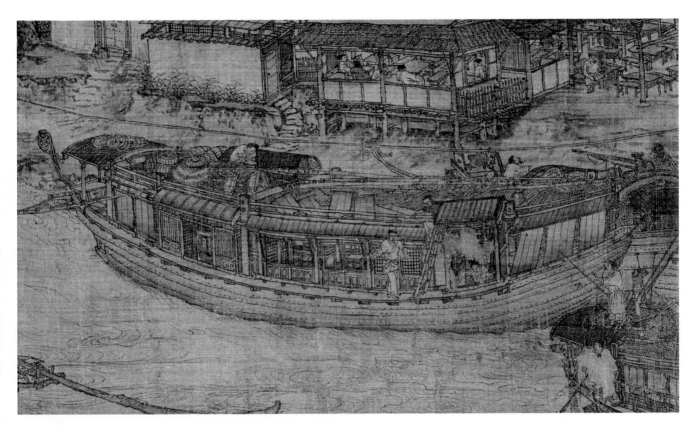

Barco de pasajeros

Además de los buques que transportan carga en el río Luohe, también hay buques de pasajeros que transportan personas. Desde la perspectiva de la forma del barco, el buque de carga es relativamente corto y el casco es relativamente ancho, mientras que el buque de pasajeros es relativamente estrecho y largo.

Hay un barco de pasajeros que es extraordinariamente elegante y hermoso, los patrones en las ventanas están bellamente tallados y el estilo de entrada de la cabina es complejo. A través de las ventanas, puedes ver las mesas y sillas en la cabina. Hay una cabina en la proa y otra en la popa, donde los huéspedes pueden disfrutar del hermoso paisaje a ambos lados del canal.

El puente sobre el río Luohe

Hay un puente de arco de madera sobre el río Luohe que cruza de orilla a orilla como un arco iris y que es muy hermoso. Este es el puente "Hongqiao".

Hongqiao goza de un lugar único dentro de la pintura, ¿lo encontraste? No tiene postes de puente ni muelles.

De hecho, originalmente el puente contaba con muelles (pilares), pero cuando el río estaba turbulento, los barcos podían golpearlos fácilmente, lo cual era un riesgo. Entonces, para reducir los accidentes de tránsito, la gente de la dinastía Song inventó este tipo de puentes como el Hongqiao, sin muelle.

Lo que es aún más sorprendente es que aquel puente sin pilares, no usa ni un solo clavo, tampoco usa barras de acero o cemento, está completamente superpuesto por marcos de madera y se asegura con lazos. Esta tecnología era original y de vanguardia en ese tiempo.

El puente Hongqiao es sin duda muy seguro. No solo hay densas multitudes de transeúntes en el puente, sino también personas que venden cosas en sus puestos. Solo la cubierta del puente es un pequeño mercado.

1 Barandillas para proteger a los peatones en el puente

2 Arco de viga apilada

3 Aceras y barandas debajo del puente, especialmente diseñadas para caminantes

4 Poste de jacinto, que indica la dirección de los marineros.

Un Magnífico edificio

En una ciudad tan grande, debe haber edificios grandiosos y hermosos. Las puertas que protegen la ciudad son altas e imponentes, y todas las estructuras de madera en las partes superiores están pintadas de rojo, hermosas y elegantes. La puerta roja debajo de la torre es la entrada a la torre. Después de entrar en la puerta, podemos abordar la torre a través de la rampa. También hay un gran tambor en la torre. Los tapetes y las almohadas están ubicados en el suelo al costado del soporte del tambor, aquí es donde descansan los guardias y los soldados.

3 *Camino de carga*

1 *Tambor*

2 *Colchonetas y almohadas*

4 *Entradas*

1 *Cailou Huanmen*

2 *Restaurantes publicitarios*

3 *Letreros de restaurante*

El más llamativo y único de todos los tipos de edificios de la calle es un estante al estilo pabellón que está atado con postes de madera. Se llama "Cailou Huanmen". Es una decoración especial en la puerta de los restaurantes de la dinastía Song. El ambiente festivo atrae a los clientes. Hongqiao Qiaotou tiene dicho tipo de restaurantes.

Pinturas con el tema de paisajes urbanos como "El Festival Qingming Junto al Río" pertenecen a la "pintura de límites". Las pinturas de contorno generalmente dibujan edificios como palacios, plataformas y edificios. Al pintar, el artista usa una regla para dibujar líneas rectas uniformes y se esfuerza por reproducir de manera precisa y meticulosa los objetos dibujados. Dado que la mayoría de las arquitecturas chinas antiguas consistían principalmente en estructuras de madera, no eran fáciles de preservar, pero las pinturas de límites las registraron científicamente, conservando su apariencia original en ese momento. Por ejemplo, las imágenes reales de barcos, puentes, tiendas, restaurantes, entre otros, en la dinastía Song, se conservaron a través de la pintura "El Festival Qingming Junto al Río".

Capítulo 4
HISTORIAS OCULTAS

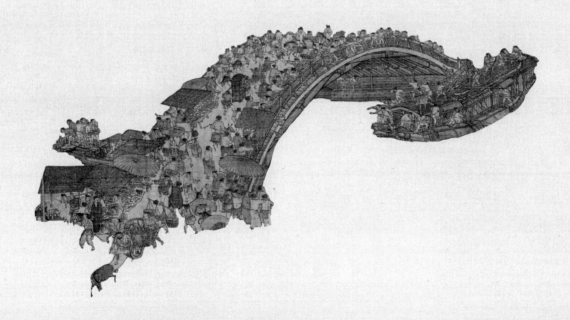

El puente y el barco: la premonición de una colisión

Un gran barco está a punto de cruzar bajo el puente Hongqiao. Los peatones desde el puente avistan el inminente peligro: el mástil del gran barco está a punto de colisionar contra el puente. Rápidamente, los peatones advierten a gritos a los barqueros. Los barqueros suben al unísono a la cubierta del barco y bajan apresuradamente el mástil. Uno de ellos tiene tanta prisa que estando de pie en el barco se apoya contra el puente para disminuir un poco la velocidad de la nave que ya se está chocando. Los barqueros del costado del barco también empujan la larga proa para girar, tratando de mantener el bote alejado del Hongqiao.

Este gran barco gira en la turbulenta corriente del río Luan, y la atención de todos se centra en el mástil, sin embargo, no se percatan que la popa del barco se está estrellando contra un pequeño bote en la orilla.

La gente en aquel bote está aterrorizada. Un barquero sube a la cima y grita agitando la mano. Afortunadamente, el barquero en la popa del barco se percata de este problema y se apresura a llevar unos brotes de bambú para advertir a otros en busca de ayuda.

La gente sobre el puente también está haciendo todo lo posible para rescatarlos, algunos incluso han salido desde el puente. Dos de ellos arrojan cuerdas, una de las cuales cuelga y la otra se balancea en el aire; temen que alguien caiga accidentalmente al agua y no tengan una cuerda para ayudarlo. La imagen se congela justo ahí, en este dramático momento.

Calles y callejones

Hay cientos de personalidades en "El Festival Quingming junto al río", todos provienen de distintos ámbitos, edades, personalidades y todo tipo de expresiones... Cada uno tiene un rol único, una identidad, una historia representada en pequeños actos aquí y allá. El artista pintó las escenas de la calle tan vívidamente que incluso podemos adivinar de qué estaban hablando.

Capítulo 5
CONOZCAMOS UN POCO MÁS: EL MISTERIOSO PINTOR

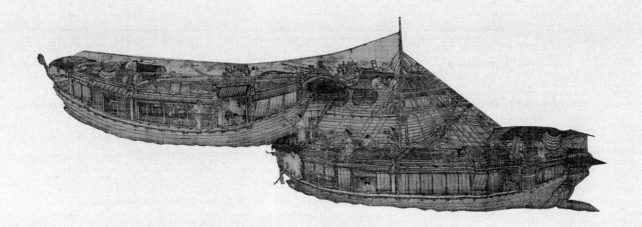

En búsqueda de Zhang Zeduan

Cientos de figuras humanas fueron pintadas en "El Festival Quingming junto al río". Cada personaje es del tamaño de un maní, pero las expresiones, movimientos y disfraces son vívidos. Cailou Huanmen, Hongqiao, Chengmen y otros edificios complejos también están estructurados de acuerdo con las proporciones reales, con ladrillos y azulejos pintados con exactitud y precisión.

¿Quién era la persona detrás de este gran pintor? Desafortunadamente, hay muy poca información sobre él en la historia.

La razón por la que sabemos que "El Festival Quingming junto al río" es una obra de Zhang Zeduan a finales de la dinastía Song del Norte, se la debemos agradecer a Zhang Zhu, quien escribió la inscripción en la parte posterior de la obra. Si él no hubiese escrito el nombre de Zhang Zeduan en la publicación, esta pintura sería desconocida; Zhang Zhu escribió 85 palabras en la parte posterior de la pintura, diciendo que Zhang Zeduan era un dongbu de la provincia de Shandong. Le gustaba leer cuando era niño. Más tarde llegó a Bianjing para tomar el examen imperial, pero podría haber reprobado el examen, por lo que se dedicó a la pintura, y le fue mucho mejor pintando barcos, automóviles, puentes, calles y edificios.

Esta es toda la historia sobre Zhang Zeduan. ¿Cuándo nació Zhang Zeduan? ¿Cuántos años tuvo? ¿De quién aprendió a dibujar? ¿A dónde fue después de la desaparición de la dinastía Song del Norte?

Como no hay registro, todos estos cuestionamientos no tienen respuesta. Zhang solo nos dejó esta gran pintura que la gente interpreta constantemente, sin poder encontrar pistas sobre él, desapareciendo así misteriosamente de la historia.

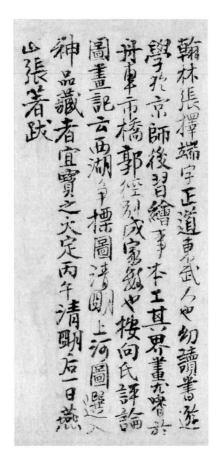

Postdata de "El Festival Qingming junto al río" de Zhang Zhu

La imagen titulada "Oferta de concurso Jin Mingchi" lleva el nombre de Zhang Zeduan, pero su estilo y nivel de pintura son muy diferentes de los del " El Festival Qingming junto al río". Basados en esta pintura y sus estilos, solo podemos concluir que el cuadro "Oferta de concurso Jin Mingchi" es de Zhang Zeduan.

Los primeros pintores rara vez firmaban las pinturas, la autoría de sus obras fue transmitida por los coleccionistas de rollos. En el transcurso de la historia, tal como Zhang Zeduan, existieron pintores con magníficas habilidades, pero debido a que no firmaban el pergamino, han permanecido enterrados en el olvido, de hecho, en la actualidad existen muchísimos rollos anónimos.

Wang Ximeng fue un joven pintor contemporáneo a Zhang Zeduan. Era un genio realmente excepcional. Cuando tenía 18 años, pintó "Miles de ríos y montañas", una pintura de paisaje magnífica. En la pintura, hay montañas, así como grandes ríos. Hay barcos de pesca, pájaros, y peatones transitando el pueblo. Son ríos y montañas perfectos para los ideales de la gente. En la parte final, había un escrito por Cai Jing, el primer

Fragmento de "Miles de ríos y montañas" de la dinastía Song del Norte.
Wang Ximeng, 51.5 cm × 1191.5 cm
Colección del Museo del Palacio de Beijing

ministro de la dinastía Song, que decía que Wang Ximeng ofreció sus pinturas a Song Huizong muchas veces, pero que el emperador no estaba satisfecho. Al ver el talento de Wang Ximeng para pintar, Song Huizong exaltó personalmente sus habilidades. Song Huizong elogió los innumerables climas plasmados por el joven y luego le dio esta pintura a Cai Jing.

Wang Ximeng murió poco después de pintar este cuadro. No tiene otras obras conocidas y no hay registro de él en los libros históricos. Este párrafo de Cai Jing es el único registro relativamente confiable de Wang Ximeng.

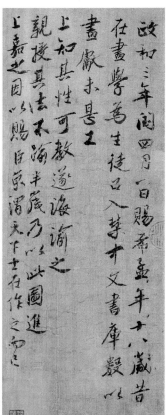

Postdata de Cai Jing